Alexander Holzach

Capricórnio
o signo descolado

De 22 de dezembro a 20 de janeiro

Capricórnio é um signo legal!

Quem mais tem o poder...

...de chegar tão rápido ao topo?

Com sua ambição de chegar lá em cima...

...não tolera nenhum contratem,

Durão como esse signo é, ele sempre será visto novamente no topo.

Capricórnio tem parâmetros muito elevados...

Esse signo chega a destinos...

...com que outros conseguiriam apenas sonhar.

Cuidado ao tentar enganar o signo de capricórnio.

Ele vê através de qualquer truque barato...

...e estabelece a ordem novamente.

Alguns consideram que capricórnio
é um pouco frio.

Não é verdade.

Quem lida com ele, logo vê que há uma alma amável escondida por trás desse signo.

...quando percebe que alguém depende dele.

Não consegue suportar quando alguém sofre...

...e não poupa esforços para consolar quem precisa.

A palavra "mesquinhez"
é estranha para esse signo.

Ele pode folhear muitos livros a esse respeito e, mesmo assim, nunca a entenderá.

Quando capricórnio vai fazer compras...

...adquire, sobretudo, coisas de boa qualidade.

O signo de capricórnio tem muita consideração por seus amigos.

Só uma coisa é mais importante:

sua Supermãe.

ara capricórnio, ela é a maior.

Quando o signo de capricórnio se apaixona, é obstinado.

Um "não" não conta!

Se livrar de alguém desse signo é impossível.

Nos relacionamentos, capricórnio não é muito dado ao fogo ardente.

Mas há paixão nele, e ela queima por mais tempo.

Nas questões amorosas, não se deve fazer teatrinho com esse signo.

Quando capricórnio
é consumido pela raiva...

...pode contar que uma hora
ele vai a externar.

Ser tratado com injustiça é uma coisa que capricórnio odeia.

Ele terá sua revanche,
mesmo que seja meses depois.

Quando informar sua nova teoria para alguém de capricórnio...

...primeiro ele checará o grau de veracidade de

E depois vai gostar de melhorar todas as teses.

...ao menos nenhum que o detenha por muito tempo.

Capricórnio é ambicioso e dá tudo de si.

E, quando algo não fica perfeito,
começa tudo de novo desde o início.

De vez em quando, até mesmo alguém de capricórnio pode sacolejar ladeira abaixo.

Mas, então, se motiva sozinho para sair do buraco e do abismo.

E mesmo quando chega o descanso após todas as suas atividades...

...ainda se mostra bem resistente.

Sem dúvida:

o poderoso signo de capricórnio é um pico solitário.

Às vezes, o signo de capricórnio pode ser.

Mas também é todo coração...

confiável,

fiel,

concentrado

e determinado.

TÍTULO ORIGINAL *Der coole Steinbock*
© 2015 arsEdition GmbH, München – Todos os direitos reservados.
© 2017 Vergara & Riba Editoras S.A.

EDIÇÃO Fabrício Valério
EDITORA-ASSISTENTE Natália Chagas Máximo
TRADUÇÃO Natália Fadel Barcellos
REVISÃO Felipe A. C. Matos
DIREÇÃO DE ARTE Ana Solt
DIAGRAMAÇÃO Balão Editorial

Dados Internacionais de Catalogação na Publicação (CIP)
(Câmara Brasileira do Livro, SP, Brasil)

Holzach, Alexander
Capricórnio: o signo descolado / Alexander Holzach; [tradução Natália Fadel Barcellos]. — São Paulo: V&R Editoras, 2017.

Título original: *Der coole Steinbock*

ISBN 978-85-507-0118-9

1. Astrologia 2. Horóscopos 3. Signos e símbolos I. Título.

17-04651 CDD-133.54

Índices para catálogo sistemático:
1. Horóscopos: Astrologia 133.54

Todos os direitos desta edição reservados à
VERGARA & RIBA EDITORAS S.A.
Rua Cel. Lisboa, 989 | Vila Mariana
CEP 04020-041 | São Paulo | SP
Tel.| Fax: (+55 11) 4612-2866
vreditoras.com.br | editoras@vreditoras.com.br

SUA OPINIÃO É
MUITO IMPORTANT
Mande um e-mail para
opiniao@vreditoras.com.
com o título deste livro
no campo "Assunto".

1ª edição, nov. 2017
FONTES SoupBone e
KG Be Still And Know
IMPRESSÃO Malásia
LOTE 236/17ARS12